T0286371

EL JUEGO MEDIO

EL JUEGO MEDIO

El juego medio en ajedrez
por los grandes maestros

El juego medio según Ludek Pachman, Piotr Romanowsky,
Igor Bondarewsky, Kurt Richter
con ejemplos y comentarios de partidas clásicas
de grandes maestros.

Edición Igor Molina Montes

Colección

Escaques

© 2022, Redbook ediciones

Diseño de cubierta: Regina Richling

Diseño de interior: Igor Molina Montes

ISBN: 978-84-9917-650-5

Depósito legal: B-1.267-2022

Impreso por Reprográficas Malpe – Pol. Ind. Los Olivos
Calle de la Calidad, 34, Bloque 2 Nave 7 28906 Getafe, Madrid

Impreso en España - *Printed in Spain*

Índice

Prólogo

¿Qué es el juego medio en ajedrez?
En una partida de ajedrez el juego medio es la zona intermedia entre la apertura y el final, zona que los principiantes con naturalidad suelen desconocer. En la teoría del juego medio se despliega la táctica y la estrategia en forma de combinaciones. Detengámonos en estas tres palabras relativas al juego medio: táctica, estrategia y combinaciones. Ello nos servirá para ver con claridad los entresijos del juego medio. La palabra táctica tiene su origen en la lengua griega y significa ordenar lo relativo a la consecución de un fin. Digamos que en ajedrez la táctica se ocupa de la complejidad de un simple movimiento, tácticamente implica el abandono de una casilla de influencia para ocupar otro escaque con un nuevo entorno de acción, esto puede acarrear para el bando contrario una debilidad táctica.

La palabra estrategia también pertenece a los griegos, que la consideran el arte de dirigir los ejércitos. La meta estratégica puede ocupar gran parte de la partida y suele utilizar diversos planes tácticos. Se trata de conducir las piezas hacia un objetivo calculado previamente. En un nivel propio de un principiante, la meta estratégica de una partida de ajedrez consiste en dar muerte al rey rival.

Combinación proviene del latín *combinatio* y significa la unión de elementos de manera estructurada y armónica. En las combinaciones que se suceden bajo la teoría del juego medio, la meta estratégica podría consistir en el desalojo de piezas rivales de casillas influyentes, o en el despeje de una línea o de una diagonal, o propiciar el encierro del rey contrario mediante combinaciones, para ulteriormente propinar mate.

En una combinación basada en la táctica y la estrategia, el sacrificio de la dama propicia una victoria inminente al bando activo. Se ha creado una posición en el tablero donde las piezas conjuntadas armónicamente consiguen su mayor fuerza.

Evitando teorizaciones excesivas sobre táctica y estrategia en el juego medio que dificultan la comprensión, abordamos la selección de estas lecciones sobre la teoría del juego medio procurando que sean ágiles y amenas, con la pretensión de facilitar su lectura a iniciados y a interesados en mejorar considerablemente su nivel de juego.

Esta selección de partidas clásicas comentadas por grandes maestros, podrá ser releída durante siglos, como cualquier obra del clásico Shakespeare (1564-1616), o como las ejemplares partidas de Greco (1600-1634), siempre aportando conocimiento sobre la concepción y evolución de la teoría del juego medio.

Igor Molina Montes

Signos utilizados:
x captura
+ jaque
++ jaque doble
# mate
? jugada mala
?? jugada muy mala
! jugada brillante
!! jugada muy brillante
= tablas
0-0 enroque corto
0-0-0 enroque largo
a.p. captura al paso

Táctica y estrategia en combinaciones

Estética de la combinación, nociones generales

Según Piotr Romanowsky

En el arte del ajedrez, la combinación representa la más alta expresión de armonía de las fuerzas; aun la más simple es estética por el sencillo hecho de que todas las piezas que participan en ella aúnan sus esfuerzos para llevar armónicamente a efecto un tema combinatorio.

La estética de la combinación se manifiesta en el método de acción; en él se destaca la idea del sacrificio. ¿En qué consiste la estética de tal idea? Como se sabe, enseñamos a que se trate con cuidado el material a todos los que se inician en este juego. Algunos grandes maestros de ajedrez al perder una pieza se rinden al considerar infructuosa cualquier resistencia ulterior. Incluso un peón de ventaja, un simple peón otorga con frecuencia y con facilidad la victoria al que lo posee. Por tanto, la entrega voluntaria de un peón o de una pieza o el cambio de una pieza mayor por otra menor contrastan con el propósito de conservar la unidad ajedrecista incluso de menor valor. Y si se sacrifican varias piezas o una pieza mayor, como la dama o la torre, entonces el contraste es mayor.

Un movimiento, aparentemente disparatado e imprudente, se transforma de pronto en un instrumento de victoria. La debilidad aparente triunfa con fuerza, gracias a un sentido reservado y oculto. En esto consiste la singular belleza del sacrificio, suele ser inesperado alterando los juicios del curso de la lucha.

A continuación, analizaremos ejemplos de bellas combinaciones. Empezaremos por los finales, donde lo sencillo y lo común de la situación contrastan con el inesperado paso a la lucha combinatoria. Esta circunstancia nos causará, sin duda, una gran impresión estética. En una posición al parecer simple, se concibe de pronto una idea altamente artística.

Phillsbury - Hunsberg
Torneo Internacional de
1895, Hastings.

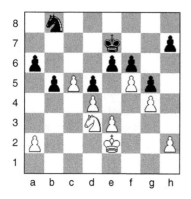

Veamos cómo se produjo una original e interesante combinación.

28.♘b4

Este movimiento fuerza a las negras a ponerse en guardia; pueden responder con 28...a5, y las blancas deberán retirar el caballo. Por lo demás, ¿disponen las negras de otro movimiento?

A 28...exf5 sucede 29.gxf5, y luego, 30.♘xd5+.

Si 28...♔d7 lo menos complicado es jugar 29.fxe6+ ♔xe6 30.c6 ♔d6 31.c7 ♔xc7 32.♘xd5+ y ♘xf6.

Por lo tanto las negras no disponen de otro movimiento.

29.c6!!

Es el principio de una larga combinación en la que el tema principal es la doble amenaza del peón y su aspecto original viene a ser el del doble ataque.

29...♚d6

Aquí parece que el caballo
debe retirarse. Pero...

30.fxe6!!

¡Ahí está el fundamento de
la idea combinatoria!

30...♞xc6

Las negras no pueden hacer
otra cosa; la posición es brillante e insólita, lo cual suele
producirse en el curso de la
combinación. Dos jugadas
antes tenía aspecto de un final de caballos común con
cierta preponderancia en la
posición de las blancas;
ahora sacrifican a su caballo,
y dos de sus peones llegan a
la sexta horizontal. ¿Por qué
no aceptan las negras el sacrificio de dicha pieza? La
respuesta está en la siguiente
combinación:
(30...axb4 31.e7 ♚xe7
32.c7)
y las blancas coronan el
peón, pues las negras no
pueden defenderse de las
dos amenazas (c7xb8) y coronan el peón en dama o

(c8) coronando igualmente
el peón en dama. ¡Esto es
una original y doble ame-
naza de un peón!

31.♞xc6 ♚xc6
32.e4! dxe4
33.d5+

Si el primer tema de la combinación ha sido el doble
ataque del peón, el segundo
tema es la formación de la
falange de dos peones libres.

33...♚d6
34.♚e3 b4
35.♚xe4 a4
36.♚d4

Las blancas llegan a tiempo
para detener el avance de los
dos peones negros, lo que
decidió el resultado de la
partida a favor de ellas.

Esta miniatura combinatoria
de Phillsbury fue conside-
rada por sus coetáneos como
una de las composiciones
más bellas del torneo de
Hastings. En verdad, lo es
por lo inesperado y original
del tema que rara vez se pro-

duce en la práctica, por el poco material que toma parte en ella, por el sacrificio de la última pieza y por la belleza de la idea. Dos peones que están casi juntos neutralizan la resistencia del rey y del caballo de las negras.

Ataque doble

Según Ludek Pachman

Una importante manera de valorizar mejor las piezas es el llamado «ataque doble». Su forma más simple es el ataque simultáneo a dos piezas contrarias.

Una determinada pieza generalmente coordinada con otra, puede crear dobles amenazas imposibles de defender a la vez. El doble ataque suele producirse al aprovechar distintas debilidades tácticas en la posición contraria piezas sin defensa, el rey al descubierto o puntos sin protección en sus proximidades; como, por ejemplo, en las aperturas la casilla f2 para las blancas o la casilla f7 para las negras.

En el transcurso de una partida lo más corriente es el ataque doble a una pieza sin protección y al rey.

Ufimzev - Taimanov
(1949)

1. ♗xg7 ♔xg7
2. ♖h4

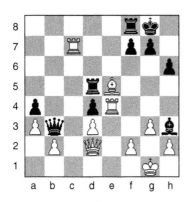

3. ♕xh6+
Con amenaza de mate en la siguiente jugada. Al mismo tiempo la torre blanca situada en la casilla h4 ataca al alfil negro situado en h3. La partida continuó:

2... ♕b6
3. ♖xh3 h5
4. ♖e7 ♖c8

5.♕e2 ♖dc5
6.♖xh5 ♖c1+
7.♔g2 ♕c6+
8.♔h3 ♖f8
9.♕g4+ ♕g6
10.♕xd4+ ♕f6
11.♖g5+ ♔h7
12.♕xf6

Y las blancas ganaron.

Chigorin - Janovski
París, 1900

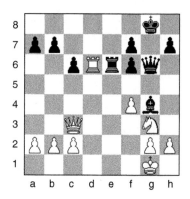

Después de:

1.♖d8+ ♔g7

Chigorin terminó la partida
con:

2.f5! ♗xf5
3.♕c5!

La doble amenaza de mate
se materializa en las casillas
f8 y al alfil en f5.

Observemos un interesante
motivo que se presenta en los
dos ejemplos anteriores. Una
de las dos debilidades tácticas
ya la padecen las negras en la
posición de la partida, mientras la segunda la fuerzan las
blancas.

En el primer ejemplo las negras tienen sin defensa el alfil
en h3, y la amenaza de mate
surge con el sacrificio
1.♗xg7.

En el segundo ejemplo, la
red de mate se prepara primero y luego, con el avance
2.f5!, se perfecciona la doble
amenaza, de mate y ataque a
una pieza contraria.

Combinaciones basadas en el desalojo de casilla

Según Igor Bondarewsky

Algunas veces surgen posiciones en las que una pieza o peón del bando atacante está obstruida por la presencia de otra pieza o peón en casillas de interés para la progresión del ataque. Aclaremos esto con algunos ejemplos.

El escaque g5 está ocupado por un peón blanco. Si lo moviera de allí y se colocase en su lugar el caballo blanco, las negras se verían perdidas a causa del doble ataque. De aquí que surja el pensamiento de desalojar por la fuerza esta casilla sacrificando el peón.

1.g6+ &xg6

Rehusar el sacrificio llevaría también a una pérdida inmediata.

2.&g5+, etcétera.

Otro ejemplo en el siguiente diagrama.

Juegan las blancas.

Las blancas, no pueden capturar dos veces en f6 porque podrían recibir mate en la fila de retaguardia.

Al mismo tiempo, las negras tienen una inmediata amenaza de mate por su parte si su dama se coloca en b2 y otra amenaza de triunfo con 1...♛xf5. ¿Qué van a hacer las blancas?

¿Puede decirse realmente que la peligrosa posición del rey de las negras atacado por tres piezas es un motivo inadecuado para una combinación?

Si uno no estuviera enterado del desalojo de casilla, fácilmente se le pasaría por alto la combinación, pero una vez que nos hemos familiarizado con esto se alcanza inmediatamente la idea de ganar con:

1. ♖h8+!

y el mate sigue en seguida con 2.♕h7, recién desalojado el escaque h7 mediante el sacrificio de la torre.

Pasemos ahora al diagrama siguiente.

Kmoch - Rubinstein
Semmering, 1926

Las blancas amenazan con dar mate con ♕h8+, etcétera, y generalmente hablando su posición parece completamente satisfactoria. Pero son las negras las que juegan, y la posición del rey de las blancas es tan insegura como la del rey de las negras. Cierto que no se ve a primera vista cómo las negras pueden penetrar en la posición de su oponente a pesar de sus triplicadas piezas mayores en la columna del rey. Sólo el desalojo de casilla es la idea que da solución a este problema.

1... ♖f3+!

Las blancas abandonaron, ya que las negras fuerzan el mate en todas las variantes, pues todos sus movimientos son de jaque, y así tienen el mayor grado de compulsión. La dama y la torre de las blancas activamente colocadas en la columna h, son testigos impotentes de la caída de su rey.

Fiohr - Byvshev
Semifinal XIX Campeonato
U.R.S.S., 1951.

La dama de las negras defiende la torre en el escaque c7. Si se viese atacada, se vería en apuros para encontrar un buen movimiento. Nótese también que la dama guarda al alfil, así es que está sobrecargada. Las blancas podrían atacar ventajosamente a la dama desde c4, ya que entonces las negras no tendrían ninguna defensa satisfactoria. De aquí que se nos ocurra la idea de liberar esta casilla.

1. ♗xf7+! ♖xf7

2. ♖c4 ♛d6

De lo contrario, sucede: 3.♛xc7.

3. ♖xg4

Mediante esta combinación, las blancas han ganado un peón.

Ataque doble y el ataque de peones

Según Piotr Romanowsky

El doble ataque es por lo común un caso de ataque simultáneo, no es sólo un tema combinatorio, pues también se puede cumplir fuera de cualquier combinación. Además, se da este nombre a toda acción difícil de rechazar. Por ello, no se puede llamar doble ataque al movimiento 3.♗b5 de la apertura española ni al 2.♕g4? después de los movimientos 1.e4 e5, aun cuando la dama ataca simultáneamente contra los peones negros g7 y d7. Un punto mal defendido o indefenso en el dispositivo adversario es lo que constituye el objeto de este género de ataque, y los puntos vulnerables y las piezas o peones situados en ellos son a menudo el motivo de la combinación sobre este tema.

La dama es la unidad ajedrecista más efectiva para cumplirlo; intentaremos reflejar esquemáticamente los distintos temas del doble ataque con ella y que, a veces, no puede realizar sin el apoyo de otra pieza; esto podremos apreciarlo en los ejemplos y esquemas que lo ilustran en la partida de ajedrez.

Veamos los temas del doble ataque que suelen darse en la práctica.

1) Doble ataque por la diagonal o diagonales.

2) Doble ataque por la horizontal.

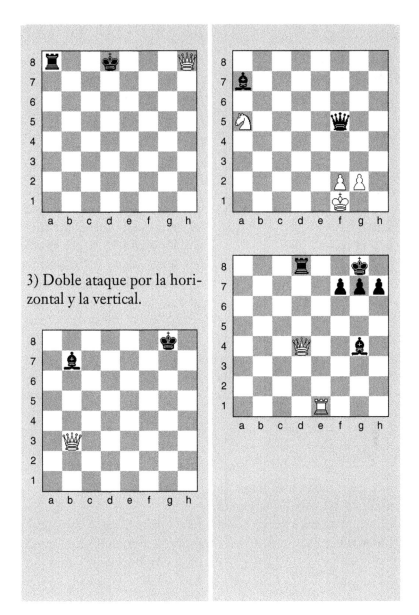

3) Doble ataque por la horizontal y la vertical.

Capablanca - Burn
San Sebastián, 1911

1.e4 e5
2.♘f3 ♘c6
3.♗b5 a6
4.♗a4 ♘f6
5.d3 d6
6.c3 ♗e7
7.♘bd2 O-O
8.♘f1 b5
9.♗c2 d5
10.♕e2 dxe4
11.dxe4 ♗c5

Los dos últimos movimientos de las negras son desacertados; esto permite que las blancas planeen combinaciones interesantes.

12.♗g5

En estas circunstancias, la atadura del caballo negro es un importante motivo combinatorio.

12...♗e6
13.♘e3 ♖e8
14.O-O ♕e7

No conviene 14...♗xe3, porque 15.fxe3!. El alfil de-

bió volver al escaque e7.

15.♘d5! ♗xd5
16.exd5 ♘b8
17.a4!

Las blancas han tenido la oportunidad de realizar una pequeña combinación sobre el tema del doble ataque: 17.d6 ♗xd6 18.♗xf6 ♕xf6 19.♕e4 ♘d7 20.♕xh7+ ♔f8 la situación del rey negro hubiese empeorado tras estos movimientos. Pero Capablanca encuentra una combinación sobre igual tema, pero de mayor eficacia. Las blancas amenazan con tomar el peón en b5, imposible de defender; esto pone a las negras ante la alternativa de jugar 17...bxa4 o 17...b4.

En el primer caso, las negras pierden al menos el peón en e5 y empeoran su situación luego de 18.♗xa4 ♖d8, 19.♖ad1.

Burn estimó que la segunda opción era mejor y no reparó en que entraña una combinación sobre el tema del doble ataque.

17...b4
18.cxb4 ♗xb4

19.♗xf6 ♛xf6
20.♛e4

Esto es un doble ataque contra el alfil en b4 y el peón

en h7. Su posibilidad de éxito la determinan la indefensión del alfil b4 y la defensa del peón en h7 sostenida solamente por el rey. Si el peón en a6 estuviese en a5 o el caballo en f8 y no en b8, este doble ataque no se podría realizar.

20...♗d6
21.♛xh7+ ♚f8
22.♘h4 ♛h6

A 22...g6 sigue 22.♗x6!

23.♛xh6 gxh6
24.♘f5

Y las blancas ganaron la partida después de varios movimientos.

Combinación contra
la columna del caballo

Según Kurt Richter

Ahora vamos a conocer un caso especial de combinación contra la columna caballo.

K. Richter - St.
Berlín, 1939

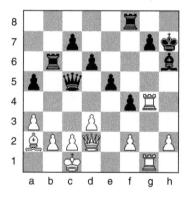

Las negras creían con:

1...f3 obligar al adversario a:
(2. ♖xg7+ ♗xg7 3. ♖xg7+ ♔xg7 4.♕g5+) con lo que las blancas no tienen más que el jaque perpetuo. Pero ocurrió algo completamente distinto con el sorprendente sacrificio de la dama:

2.♕xh6+ forzaron las blancas la victoria:

2...gxh6
3. ♖g7+ ♔h8
4.♗g8!!
Ahora pueden las negras cubrir el mate que amenaza en h7 únicamente mediante:

4... ♖xg8, pero con ello también reciben mate:

5. ♖xg8+ ♔h7
6. ♖1g7# mate.

Ataque con descubierta de caballo

Según Ludek Pachman

El siguiente diagrama nos muestra un caso de descubierta de caballo. Las negras precisan abrir camino a su dama hacia la casilla g4 para amenazar con mate, si las blancas responden con el movimiento de peón a la casilla g3 atacando la dama negra, entonces las negras realizan ♕h3.

Jicman - Seimeanu
Timisoara, 1954

No bastaría 1...♘f6 que permitiría a las negras 2.♗e5 o simplemente 2.gxf3. La jugada es:

1...♘c5
O 1...♘b6 con el mismo efecto, que al atacar la dama cumple ♘xa4 y luego ♕g3, suficiente para ganar. Aquí se conjuga un juego efectivo del caballo negro atacando a la dama contraria, con una función pasiva al liberar una diagonal en beneficio de la dama propia.

Estudio de Reti sobre combinaciones

Según Piotr Romanowsky

En este estudio de Reti, las blancas juegan y hacen tablas. A primera vista, esto se nos ofrece cual un evidente disparate, pues el peón blanco está neutralizado, mientras que su rey no puede atrapar al negro. Lo intangible de esta situación no ofrece ninguna duda; pero lo evidente no es real en este caso, por cuanto las blancas llevan a término una combinación de dos temas: uno ilustra la feliz persecución del peón negro y otro la entrada de su propio peón en la octava fila horizontal, no obstante la vigilancia del rey negro.

La combinación se desarrolla así:

1.♔b7 a4
2.♔c6
(A 2...a3 sigue 3.♔d6 a2 4.f7

♔g7 5.♔e7, y las blancas también coronan a su peón.)

2... ♔g6
3.♔d5!!

Este movimiento entraña una doble amenaza: defienden a su peón y entran en el cuadrado de acción del peón adversario.

3...a3
4.♔e6 a2
5.f7

Y tablas.

Combinaciones basadas
en diversiones

Según Igor Bondarewsky

El motivo para buscar una combinación en este caso particular es una posición de rey a la defensiva bloqueado por sus propios peones sin mover. Esta posición de peones normalmente forma la mejor cubierta defensiva para un rey en el juego medio. Sin embargo, en aquellos casos en que hay líneas abiertas en el centro o en cualquier otro lado a lo largo de las cuales actúan las piezas pesadas (dama, torre), uno debe estar en guardia, ya que la penetración en la fila de retaguardia por una de estas piezas puede conducir al mate. Por esto, en tales situaciones, los jugadores experimentados cuando se les presenta una oportunidad conveniente, hacen en el momento oportuno lo que se llama un orificio de salida para el rey: avanzan uno de los peones delante del rey. Normalmente es mejor avanzar una casilla un peón de torre o un peón de caballo, pero desde luego también otras variantes de esto son totalmente posibles.

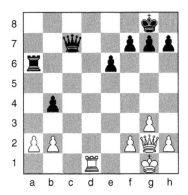

En esta posición, un adecuado orificio de salida se crearía avanzando las negras una casilla su peón torre a h6 o su peón caballo a 1...g6. Evidentemente no podría producirse entonces un mate en la fila de retaguardia. Es lógico que la casilla que haya de ser usada para el orificio de salida del rey no esté sometida a ataque ella misma.

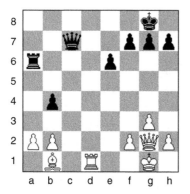

Si en el diagrama se añade un alfil blanco en b1, el movimiento de peón negro 1...g6, al avanzar hasta la tercera fila de las negras, proporcionaría entonces un orificio de salida, en tanto que el movimiento 1...h6 no lo proporcionaría. En la posición actual no hay ningún orificio de salida, lo que sugiere un motivo para una combinación, y empezamos a buscar los medios de penetrar hasta la octava fila con dama o torre. Una casilla adecuada para esta penetración es d8, que está guardada solamente por la dama negra. Se ocurre en seguida el pensamiento: ¿no podría ser apartada la dama de allí, despojándola así de su función esencial?

Esta búsqueda nos lleva al movimiento de las blancas 1.♕b7!

Aquí la idea de diversión se realiza por medio de un ataque doble, ya que tanto la dama como la torre de las negras son atacadas, y las negras no pueden capturar a la dama debido a su obligación de defender d8.

Podemos convencernos aquí una vez más, que los golpes más peligrosos son las diversas formas de ataque doble, puesto que, por regla general limitan grandemente las réplicas del oponente o incluso lo privan de cualquier defensa satisfactoria. Así ocurre en la posición del siguiente diagrama; las negras pierden inmediatamente.

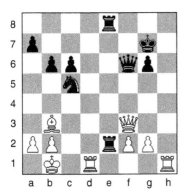

Las blancas ganan la dama apartando al rey negro que la defiende. Esto lo consiguen mediante el sacrificio de la torre:

1. ♖h7+!

Nimzovitch - Marshall
Nueva York, 1927

La ventaja de las blancas es clara a primera vista, lo que sugiere la búsqueda de una combinación. Aquí pueden juzgarse como motivos la posición peligrosa del rey negro, la clavada del caballo y el hecho de que la torre y el alfil de las negras no toman una parte directa en la partida, y en cambio las piezas de las blancas están soberbiamente colocadas.

1. ♖e8!

El sacrificio de la torre desvía a la dama negra de la defensa del caballo.

1...♛xe8
2.♛xf6+ ♚g8
3.♗h6

Abandonan las negras.
Si 3...♛f7, entonces mate
con 4.♛d8+ ♛f8 y 5.♛xf8#
mate.

Jolmov - Golz
Dresde, 1956

La concentración de las piezas blancas apuntando contra
la banda del rey capacita a éstas para hacer una combinación con la idea de diversión.
Después del sacrificio inicial,
la desventajosa posición de la
dama negra desempeña un
papel importante.

1.♛xf5! gxf5

Evidentemente las negras no
pueden jugar 1...♛xg3 a
causa de 2.♛xf6. Esta variante sería juego «rabioso»
por parte de la dama de las
negras, que está en cualquier
caso condenada a morir. Aquí
la rabia no traba en favor de
las negras, pero sin embargo
no se debe dejar de tener en
cuenta, cuando se analiza, tales movimientos intermedios;
de lo contrario, uno podría
encontrarse con una desagradable sorpresa. Después del
movimiento que se da en el
texto de las negras, la «batería» blanca de torre y caballo
desempeña el papel decisivo.

2.♞e4+

Un doble ataque en dos direcciones.

2...♛xg3

Era esencial tener en cuenta
esta réplica al comienzo de
la combinación. Un movimiento de rey para ponerse
fuera de jaque les dejaría
simplemente una pieza menos después de 3.♞xg3.

3.♘xf6+

Este es un «movimiento intermedio» por parte de las blancas. Si ahora 3...♔g7, entonces un nuevo ataque doble, esta vez con una pieza: 4.♘h5+, dejaría a las blancas con ventaja material.

Este es un ejemplo más complicado.

Las negras usan la idea de diversión como base de una celada. En la partida las negras jugaron:
1...♗h6

Ahora las blancas tienen que retirar su dama a f2. Cierto que después de 2.♕f2 ♕xf2

3.♖xf2 e6, la partida de las blancas sería difícil, por ejemplo: 4.♘f6+ ♔e7 5.♘xd7 ♗e3, etc. Las blancas cayeron en una astuta trampa y pronto tuvieron que abandonar.

2.♖xh5

Al parecer, las blancas supusieron que su oponente se había equivocado y se había olvidado de su rey encerrado en la fila de retaguardia: evidentemente la dama blanca no podía ser capturada 2...♗xe3, a causa de 3.♖xh8+, y mate en la siguiente jugada. Pero fue la posición cercada del rey blanco lo que las negras planearon explotar cuando montaron la trampa. Para este propósito tentaron a su oponente con la captura del peón en h5, apartando así la torre de la fila retaguardia.

2...♖g8!

Después de este movimiento, todo se hace claro. Las negras organizan indirectamente un doble ataque:

amenazan con capturar la dama, y, sobre todo, con dar un mate por la fila de retaguardia.

3.♛d3 ♛g1+

Abandonan las blancas a causa de:

4.♜d1 ♜c1+
5.♜xc1 ♛xc1# mate.

Mantener ocupado al enemigo

Según Kurt Richter

O. Schmidt - N.N.
Obersalbach, 1936

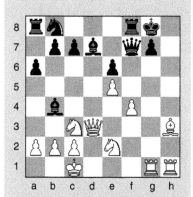

Al jugar:

1... ♗xc3 pensaban las negras: ¡un enemigo menos! Pero hay ya demasiados enemigos en marcha:

2. ♗xe6!
La más fuerte despedida del alfil. Ocupadas con la captura de esta pieza, las negras no encuentran tiempo para medidas defensivas, que en cualquier caso llegarían demasiado tarde.

2... ♕xe6
3. ♖xg7+!
De otra forma podría escapar el adversario por f7.

3... ♔xg7
4. ♕h7# mate.

E. Andersen-Hilse
(La Haya, 1928)

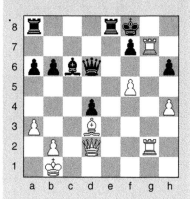

1. ♖g8+?, ♔e7 no lleva a ninguna parte.

Pero la sorprendente jugada 1.f6! sale triunfadora. Las negras no deben comer porque después de 1...♕xf6 2.♕b4+ tienen que atajar la casilla e7. Pero está la amenaza de mate 2.♖g8 mate, las negras están obligadas a jugar 1...♗xg2. Pero con esta desviación de ocupación las negras trabajan en favor de las blancas, ceden a la dama blanca la casilla g7.

2.♖g8+! ♔xg8
3.♕xg2+ ♔f8
Seguido de mate en g7.

4.♕g7# mate.

Con otro ejemplo, cerraremos el tema.

Hohlfeld - Köhler
Berlín, 1935

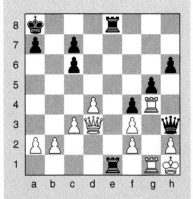

Después de:

1...♖8e2!

2.♖xe1?, las negras no comieron de nuevo, sino que utilizaron el tiempo ganado mediante:

2.♖xe1?, para continuar:

2...♖xf2! con mate imparable.

Características de las combinaciones

Según Piotr Romanowsky

Existe una teoría general de la combinación y una acertada generalización de su práctica. Y su conocimiento ayuda a todo ajedrecista a hallar el verdadero punto de referencia en muchas posiciones.

A la teoría de la combinación conciernen sobre todo la definición, el análisis y hasta cierto punto los métodos del razonamiento combinatorio en el tablero. Por lo que a la teoría general del ajedrez atañe la táctica de la combinación, es decir, los numerosos procedimientos técnicos que se usan para llevar a efecto una idea combinatoria.

Se producen con frecuencia muchas posiciones, cuyos motivos y temas son de una misma clase, así como las ideas combinatorias. Esta circunstancia ayudó a elaborar el método de generalización de la teoría de una serie de combinaciones que, con fundamento, se les puede dar el nombre de típicas. Analicemos una de ellas; su esquema teórico es el siguiente:

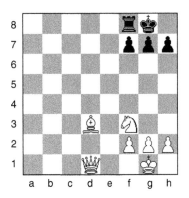

Las premisas de la combinación, o sea sus motivos, son el punto débil h7, defendido únicamente por el rey, y la dama, el alfil y el caballo blancos dispuestos favorablemente para el ataque. La técnica para realizarlo no es complicada. Con el sacrificio del alfil en la casilla h7 de las negras, el bando blanco abre la posición del rey adversario y hace que salga al escaque de referencia, donde es atacado por el caballo, lo cual plantea a las negras el problema de sacar al rey o de retirarlo a su punto de origen, de donde les va a ser difícil, por no decir imposible, rechazar la amenaza de mate. La resolución del esquema es así:

1.♗xh7+ ♚xh7
La retirada del rey a h7 hace que las blancas continúen en su ataque y obtengan ventaja material.
2.♘g5+ ♚g8
Al calcular la combinación, las blancas han de considerar el movimiento del rey al escaque h6 o al g6; cuando sucede así, el ataque se prosigue con 3. ♕g4.

3.♕h5
Esto es la posición típica del esquema combinatorio. Para librarse del inminente mate, las negras tienen que sacar la torre de su posición; con todo, tras 4.♕xf7+, el ataque toma un cariz conclusivo.

Las partidas que ofrecemos a continuación ilustran cómo este conocido esquema «Gambito de dama», descubierto hace unos trescientos años, se realiza en partidas.

Schlechter - Wolf
Torneo Internacional
Ostende, 1905

1.d4 d5
2.♘f3 ♘f6
3.e3 c5
4.c4 e6
5.♗d3 ♘c6
6.O-O a6
7.♘c3 dxc4
8.♗xc4 b5
9.♗d3 ♗b7

Esto es un automático recorrido y una continuación indebida que causa las primeras dificultades.

Por el contrario, las negras mejorarían la partida con la variante 9...cxd4 10.exd4 ♘b4 y ♗b7; además, demostrarían la inocuidad del sistema de apertura elegido por las blancas.

10.a4! c4?
Este abandono de la presión sobre el punto d4 de las blancas brinda perspectivas combinatorias efectivas, ligadas al movimiento del peón del rey. Es más ventajosa la continuación 10...b4 11.♘e4 cxd4 12.♘xf6+ gxf6 13.exd4 ♖g8. De esta manera ejercerían presión sobre la casilla g2 de las blancas.

11.axb5 axb5
12.♖xa8 ♗xa8
13.♗b1 ♛b8
La preponderancia de las blancas es gracias a haberse adelantado a las negras en el desarrollo, puede decirse que las negras no tienen tiempo para enrocar.

14.e4!
Las blancas pretenden alejar al caballo negro del escaque f6, para que el punto h7 carezca de defensa. Si las negras enrocan, se podrá realizar el sacrificio del alfil en dicho punto.

14...♗e7
Las negras se arriesgan, tenían que haber jugado 14...♘b4 aunque no es fácil jugar si el rey no ha enrocado y se halla en el centro de la posición.

15.♗g5 O-O
Tras esto, todo marcha «sobre ruedas». No cabe suponer que Wolf se olvidase de la posibilidad de sacrificar el alfil blanco en la casilla h7 de las negras. Acaso le pareció que podría defenderse en esta situación. Si esto es cierto, fue víctima de un optimismo injustificado y difícil de explicar.

16.e5 ♘d5
17.♘xd5 exd5
18.♗xe7 ♘xe7

Se comprende que supuso para Schlechter tal posición, que lleva dentro de sí la típica combinación, conocida desde la época de Greco, desde principios del siglo XVII.

19.♗xh7+ ♚xh7

No es posible rehusar esta dádiva. La catástrofe se produciría antes si se jugara (19...♚h8   20.♘g5   g6 21.♕f3 ♘f5 22.♗xg6).

20.♘g5+ ♚g6

Este recurso de defensa es mejor, aunque insuficiente: (20...♚g8   21.♕h5   ♖e8 22.♕xf7+ ♚h8 23.f4 y la inevitable amenaza posterior ♖f3.) Y a (20...♚h6 sucede 21.♕g4 ♕c8 22.♕h4+ ♚g6 23.♕h7+ ♚xg5 24.f4+ ♚g4 25.♕h3# mate.)

21.♕g4 f5

Tampoco ayudaría 21...f6 por suceder 22.exf6 como ocurre en la partida y por no poder evitar el salto del caballo en el escaque e6.

22.exf6 {al paso} gxf6

(O bien 22...♖xf6 23.♘e6+ ♚f7   24.♕xg7+   ♚xe6 25.♖e1+)

23.♘e6+ ♚f7
24.♕g7+ ♚xe6
25.♖e1+ ♚f5
26.♕h7+ ♚g5
27.♖xe7

Se daba mate así 27.h4+ ♚g4 28.f3+ ♚g3 29.♕g7+ ♚f4 30.♕g4# mate.

27...♖g8
28.♖e3 b4
29.♖g3+ ♕xg3
30.♕xg8+

Y las negras se rindieron.

Ideas de las combinaciones

Según Igor Bondarewsky

El número de combinaciones posibles en ajedrez es astronómico. Desde el punto de vista matemático, el número es finito, puesto que el número de partidas posibles es finito, pero desde un punto de vista práctico uno puede confiadamente declarar que el número es infinitamente grande. De hecho casi cada partida se ve obligada a producir combinaciones, bien en el juego real, bien como continuaciones posibles acariciadas en la mente por los jugadores, pero que no llegan a aparecer efectivamente en la escena. Esta sola consideración da una buena idea del número de combinaciones posibles, ya que las partidas de ajedrez normalmente no se repiten excepto unas pocas excepciones cada dos siglos o así. Sin embargo, si bien uno necesita cifras astronómicas para calcular el número de combinaciones posibles, por otra parte uno puede casi contar con los dedos las ideas que están detrás de las combinaciones.

En vista del hecho de que en la actualidad no hay ninguna teoría de combinaciones que sea aceptada por todos los especialistas en ajedrez, no trataré de delimitar el número de ideas combinacionales, ya que para este propósito sería necesaria una investigación muy extensa con objeto de probar las propias opiniones. Por eso examinaremos meramente las ideas que se presentan con más frecuencia en la práctica, pero no entraremos profundamente en los detalles.

Sin embargo el estudiante deberá familiarizarse con ejemplos concretos de cómo la misma idea se realiza con el sacrificio de varias piezas con tal o cual ataque resultante.

Combinaciones basadas en atracciones

Según Igor Bondarewsky

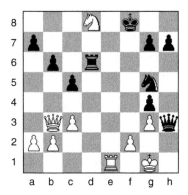

La primera impresión que tiene uno es que las blancas deben abandonar a causa de la amenaza 1...♘f3# mate, contra la cual no tienen ninguna defensa satisfactoria. Cierto que hay dos circunstancias que crean motivos para que las blancas busquen una combinación, a saber; la posición del rey negro, que no tiene ningún movimiento, y el hecho de que las blancas tienen tres piezas que actúan en la dirección de ese rey.

No obstante, si uno se pusiera a analizar la posición sin suficiente cuidado, estos motivos serían rechazados como inadecuados si el jugador no estuviese familiarizado con la idea de diversión. Una vez que uno está familiarizado con esta idea, es completamente fácil encontrar mate en dos con:

1.♕g8+! ♚xg8
2. ♖e8# mate.

El sacrificio de la dama blanca atrae al rey a una casilla mala, desde la cual no puede escapar de su primera fila.

He aquí otro ejemplo de un sacrificio de diversión que lleva al mate.

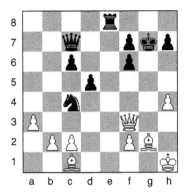

2.h5+

Las blancas fuerzan así la aceptación del sacrificio del alfil y de este modo apartan al rey a h6.

2...♚xh6
3.♕xf6+ ♚xh5
4.♗f3# mate.

1.♗h6+! ♚g6

Las negras rehúsan el sacrificio, ya que después de 1...♚xh6 se sigue con 2.♕xf6+ ♚h5 3.♕g5# mate o 3.♗f3# mate. Retirar el rey a su primera fila también llevaría al mate.

En las dos combinaciones de mate que acabamos de ver, la idea de diversión fue llevada a cabo por sacrificios de dama y alfil. Sin embargo, la misma idea puede ejecutarse en una posición apropiada mediante el sacrificio de una torre o un peón.

A continuación debemos considerar un ejemplo en que se emprende un sacrificio atacante no para lograr el mate, sino para ganar la dama por medio del sacrificio de una torre. Cualquier jugador que desee desarrollar su visión combinacional y su fantasía debe compilar todo un catálogo de posiciones en las que diversas piezas sean sacrificadas con propósitos de atracción y logro de diversas ventajas. De esta manera se forma una colección de sacrificios de atracción, que es muy útil. Luego, esto mismo se hará para todas las ideas restantes que consideraremos posteriormente.

Uno no debe limitarse a coleccionar meramente un considerable número de ejemplos. Es natural que el ataque resultante pueda ser de diferentes clases. Esto significa que uno debería coleccionar posiciones de libros de texto en las que ataques dobles de todas clases son el ataque resultante (esto es, ataques simples, ataques que explotan clavadas, y así sucesivamente).

Por último, al final de vuestro libro de notas, debéis compilar un gran número de ejemplos de ideas combinadas realizadas mediante el sacrificio de diversas piezas con diversos ataques resultantes que acaban con diversas ventajas para el bando activo.

El jugador que lleva a cabo la amplia tarea que recomendamos arriba, percibirá pronto lo mucho que ha aumentado su fuerza de juego y lo mucho que se han desarrollado su visión combinacional y su imaginación.

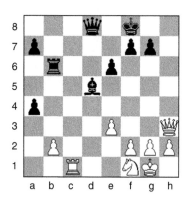

1. ♖c8!

Clavando la dama con su torre, las blancas fuerzan su captura, lo que aparta a la dama a una casilla mala.

1...♛xc8
2.♛h8+
Y ganan la dama.

Reti - Tartakover
Viena, 1910

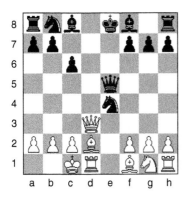

No es fácil descubrir la brillante combinación de mate que hizo Reti.

Sin embargo, un conocimiento de la idea de atraer y el gran efecto de un ataque doble y en particular de un jaque doble facilita definidamente el proceso.

1.♛d8+!!

La dama es sacrificada con el propósito de atraer al rey a la casilla d8, donde queda expuesto al ataque de una batería de torre y alfil.

1...♚xd8
2.♗g5+ ♚c7
(O 2...♚e8 3.♖d8# mate.)

3.♗d8# mate.

En el diagrama siguiente, la posición de la dama y de la torre de las blancas parece estar pidiendo un jaque doble; éste es el motivo para la combinación.

Rudakovsky - Bondarewsky
XII Campeonato U.R.S.S.,
1940

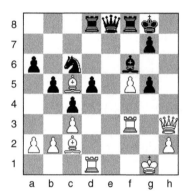

1...g4!
Las negras sacrifican un peón con objeto de atraer a

la dama a la casilla g4. Como el peón ataca a ambas piezas, y las blancas no pueden hacer un contrajuego suficiente, tienen que aceptar el sacrificio.

2.♕xg4 ♘e5

El ataque resultante, una vez más es un ataque doble.

3.♕g2 ♘xf3+
4.♕xf3 ♖f7

Como resultado de la combinación, las negras han ganado en el cambio la equivalencia de un peón.

Combinación del «molino»

Según Piotr Romanowsky

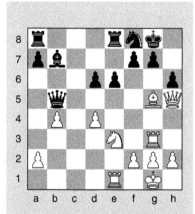

24. ♗f6 ♛xh5
25. ♖xg7+ ♔h8

Aquí empieza la torre a moler, recupera con creces el material sacrificado anteriormente por medio del jaque abierto que el alfil propina desde la casilla f6. A esta combinada forma de armonía en la acción de la torre y

el alfil se le dio el nombre metafórico de «molino».

26. ♖xf7+ ♔g8
27. ♖g7+ ♔h8
28. ♖xb7+ ♔g8
29. ♖g7+ ♔h8
30. ♖g5+ ♔h7
31. ♖xh5 ♔g6
32. ♖h3 ♔xf6
33. ♖xh6+

Y las blancas sacaron provecho de la ventaja material. Esta combinación es tan efectiva por sus consecuencias y tan brillante por su configuración que obliga a los contendientes a vigilar con esmero la casilla f7 cuando se produce un ataque combinado de alfiles y torres.

Combinación en la columna torre

Según Kurt Richter

A veces un ataque de mate por la columna caballo se pasa fulminantemente a la columna torre.

F. Herrmann - Kessel
Dessau, 1939

Las blancas han sacrificado una pieza menor y los peones del ala de la dama para poder conseguir esta fuerte posición de ataque.

Pero después de:

1.♗f6 g6
2.♕h4 ♔h7

parecía haberse paralizado su ataque. Sin embargo, en realidad, forzaron un lance conocido de mate inmediato:

3.♕xh6+! ♔xh6
4.♖h4# mate.

El encierro del rey adversario

Según Piotr Romanowsky

Un clásico ejemplo de aprovechamiento del encierro del rey adversario como tema principal de la combinación puede servir la siguiente partida.

Adams - Torre
Nueva Orleans, 1920

1.e4 e5
2.♘f3 d6
3.d4 exd4

Si el cometido de la apertura es luchar por el dominio del centro, y no puede ser de otro modo, entonces aquí conviene jugar 3...♘f6. Por lo demás, el movimiento efectuado por las negras no trae consecuencias graves, si acaso sólo ayuda a las blancas en la elaboración de su plan de juego.

4.♕xd4 ♘c6
Algunos prefieren jugar 4...♗d7 con objeto de realizar luego el movimiento ♘f6, ganando un tiempo, si bien esta frecuente y poco ponderable consideración no es motivo para criticar la jugada que las negras han realizado. A 4...♗d7 sucedería 5.♗g5 ♘f6 6.♕d2, y las blancas continuarían dominando el escaque d5 y estando en mejor situación. Conviene reparar en:

4...♕f6
5.♗b5 ♗d7
6.♗xc6 ♗xc6

51

7.♘c3 ♘f6
8.O-O ♗e7
9.♘d5

Esta posición ya se produjo en una partida de Phillburg con Blackburn. Phillburg jugó 9.b3, lo que probablemente brinda mayores posibilidades de ataque a las blancas.

9...♗xd5
10.exd5 O-O
11.♗g5

Valiéndose de su buena situación y de la ventaja espacial en el centro, las blancas tratan de apoyar su iniciativa con el aumento de la presión en la vertical abierta. No pueden hacer otra cosa, pues este plan deriva del espíritu de la posición.

11...c6
12.c4 cxd5
13.cxd5 ♖e8
14.♖fe1 a5
15.♖e2 ♖c8

Este grave error permite a las blancas realizar una bellí-sima combinación, que ha pasado a la historia como un brillante modelo de aprovechamiento del motivo sobre el bloqueo del rey por sus propios peones. Las negras tenían que haber abierto una ventana jugando 15...h6 y de esta manera, liquidar el motivo y consiguientemente el tema sobre la doble amenaza que son los dos elementos más importantes de la combinación y que forjan la idea combinatoria. No obstante, debe advertirse que las blancas aseguran la iniciativa después de 15...h6 16.♗d2 y 17.♗c3.

16.♖ae1 ♛d7
17.♗xf6

Este movimiento parece poco acertado si se mira desde el limitado ángulo de las consideraciones respecto a la posición, pero... es el comienzo o la premisa de una combinación.

17...♗xf6

Para librarse del terrible azote combinatorio, las negras tenían que haber jugado 17...gxf6 lo que imposibilitaba jugar 18.♖xe7 por suceder 18...♛xe7 19.♖xe7? ♖c1+ con posibilidad de mate en los siguientes movimientos.

En caso de suceder el movimiento en cuestión las blancas tendrían que responder 18.h3, y así amenazar con la combinación mencionada. Y si 18...♖c7 19.g4 y la maniobra ♘h4, y luego ♘f5 por lo que las negras se encontrarían en una situación sin salida.

18.♛g4!

El doble ataque de las torres blancas contra el punto e8 de las negras fuerza a éstas a mantener su torre en el escaque c8 que también está defendida por la dama y la otra torre. A las blancas les basta con hacer que la dama negra se aleje de su diagonal e8-a4 o que una torre abandone la fila 8, y llegaría el mate a través del movimiento ♖xe8+ mostrando el tema de la combinación.

El reiterado procedimiento técnico para alejar a la dama adversaria del punto e8 alcanza finalmente su objetivo. Las negras tienen que optar por la pérdida de esta pieza o el mate. El intento de obligar a tal alejamiento transcurre de un modo alarmante.

La dama blanca se pone dos veces bajo la amenaza de las piezas mayores negras. Esta combinación paró a la historia del arte ajedrecista como una de las composiciones más estéticas e impresionantes.

18...♛b5
19.♛c4!

Esta jugada es brillante, aunque las siguientes de las blancas lo son todavía más.

19...♛d7

Evidentemente las negras no pueden hacer otra cosa.

20.♛c7! ♛b5
21.a4!

No se debe jugar primeramente 21.♛xb7? porque sigue la respuesta 21...♛xe2.

21...♛xa4
22.♜e4 ♛b5
23.♛xb7

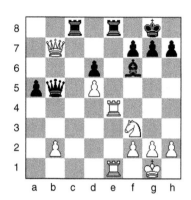

Es la cuarta vez que se ofrece el sacrificio de la dama, el cual remata la combinación. La dama negra no puede mantenerse en su diagonal e8-a4, condición indispensable para proseguir con la lucha. Las negras se rindieron.

Ataque al rey inmovilizado

Según Kurt Richter

Desde luego cualquier aficionado al ajedrez conoce el mate de rey inmovilizado. Un caballo da mate al rey enemigo que, por lo demás, está rodeado por sus propias tropas.

En una partida ganada por Hoffmann ello se realizó así:

1.e4 e5
2.♘f3 ♘c6
3.♗c4 ♘f6
4.d4 exd4
5.O-O ♗e7
6.♘xd4 ♘xe4? (o 6...d6!)
7.♘f5 g6? (o 7...O-O)
8.♕d5 ♖f8
9.♘g7# mate.

En la apertura Caro-Kann es posible la siguiente celada, que por lo demás en esta o en forma análoga se ha producido efectivamente con frecuencia.

1.e4 c6
2.d4 d5
3.♘c3 dxe4
4.♘xe4 ♗f5
5.♗d3 ♘f6
6.♕e2 ♘bd7
7.♘d6# mate.
¡Mate con rey inmovilizado con clavada!

Aunque las ejecuciones de estos mates se basan esencialmente en la simple explotación de errores del adversario, sin embargo el ejemplo que sigue ahora nos muestra una bonita combinación.

N. N. - Jankowitsch

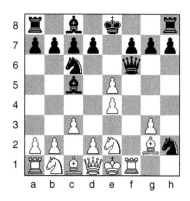

1.e4 e5
2.♘e2 ¡Una jugada nada conveniente!
2...♗c5
3.f4 ♕f6
4.c3 ♘c6
5.g3 ♘h6
6.♗g2 ♘g4
7.♖f1?
Con las jugadas de las blancas no se debe contar; ¿cómo se podría llegar a un sacrificio de la dama por las negras y a una especie de mate con rey inmovilizado?

7...♘xh2
8.fxe5

8...♕xf1+
9.♗xf1 ♘f3# mate.

Además del caballo, aquí también interviene un alfil en la configuración del mate. Por tanto no es en modo alguno un mate auténtico de rey inmovilizado.

Idea de la combinación
del rey «encerrado»

Según Piotr Romanowsky

En la combinación, una de las principales fuentes de la creación artística en el ajedrez, existe, además del tema y del motivo, cierto elemento que contiene los oasis creadores donde se perfecciona la armonía de la acción, se determina su dinámica y se traza el método concreto que lleva a la idea por los motivos hacia el tema. El método que nos ayuda a través de los motivos a percibir el tema y a llegar hasta él, representa una intención concreta o mejor dicho una idea. ¡La idea!

Bernstein - Capablanca

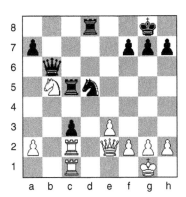

Se llegó a esta posición después de la vigesimosexta jugada. La situación de las blancas no es satisfactoria; tienen amenazado el caballo y en caso de retirarlo al escaque ♘a3 o al ♘d4, el adversario refuerza la defensa de su peón adelantado con el movimiento ♖dc8 y la amenaza ♘b4, por lo que no podrán mantenerse mucho tiempo bajo esta fuerte presión. Está claro que no

ven la manera de superar la
dificultad si no es tomando
el peligroso peón, que es
atacado con tres piezas
mientras sólo está defen-
dido por dos. Por otra parte,
en su pensamiento oscila la
variante:

(27.♘xc3 ♘xc3
28.♖xc3 ♖xc3
29.♖xc3 ♕b1+
30.♕f1)

La cual les brinda la posibilidad de hacer tablas si se
cuenta la equivalencia de material. Hasta cierto punto, la
partida prosiguió según esta
variante.

27.♘xc3 ♘xc3
28.♖xc3 ♖xc3
29.♖xc3

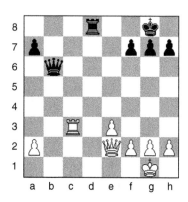

Pero a partir de aquí no se
jugó 29...♕b1+, sino:

29...♕b2!!

Este doble ataque contra la
dama y la torre hace que las
negras ganen inmediata-
mente la partida. Veámoslo a
30. ♕e1 sucede 30... ♕xc3 y
a 30. ♖c2 sucede 30...
♕b1+.

No es difícil comprender
que la posibilidad de realizar
el tema del doble ataque se
basa en la infeliz situación
del rey blanco, que no puede
huir después del avance de la
torre negra. Si las blancas
hubieran jugado anterior-
mente a3 o g3, la combinación de las negras sería
irrealizable.

Por tanto, el motivo principal combinatorio fue la inmovilización del rey adversario, encerrado por sus propios peones. Con todo, no debe suponerse que el motivo «inmovilización del rey» es el único testimonio combinatorio en la posición. La sola estructura de la disposición de las piezas y de los peones no es suficiente. Las particularidades características de la posición pueden adquirir valor de motivo combinatorio cuando las acompañan otras circunstancias y conjuntamente representan un considerable potencial creador.

En la partida Bernestein - Capablanca, señalamos las circunstancias complementarias que permitieron considerar el estado de encierro del rey blanco (también el rey negro se halla en la misma situación) como un motivo combinatorio: la presencia de piezas mayores en el tablero y la existencia de verticales abiertas, que facilitan la penetración de la dama y las torres negras en la primera fila del adversario.

¿Qué constituyó la idea de combinación de Capablanca, o sea, qué se propuso al sacrificar su peón en c3, su principal triunfo posicional? Penetrar en la primera fila de las blancas. Para lograrlo fue necesario distraer a la dama y a la torre adversaria de la defensa de los puntos b1 y d1, distrajo a ésta por medio del sacrificio del peón c3 y el poderoso tema ♛b2.

La técnica de la combinación tiene relación directa y creadora con la idea y coopera considerablemente a su realización.

Combinaciones basadas

en aislamiento

Según Igor Bondarewsky

En las dos combinaciones siguientes la idea es muy próxima a la idea de cierre de línea. La diferencia consiste en el hecho de que la línea de una pieza del oponente no es cerrada por una de sus propias piezas, sino por una pieza del lado activo. Ocurre raramente en la práctica, pero uno debe familiarizarse con ello.

Aquí la idea se realiza de una forma muy simple.

Stahlberg - Persitz
Liublana, 1955

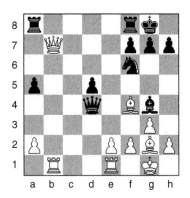

Juegan las blancas:

1.♗b8!
Si ahora 1... ♖axb8 2.♕xb8 pues la dama no puede ser tomada, ya que habría un mate inmediato.

Después de 1.♗b8! la torre del flanco rey queda encerrada. Esto lleva al aislamiento de la otra torre que no está guardada y que no tiene ninguna casilla segura adonde ir. De aquí que esta simple combinación proporcione un cambio ventajoso.

Ahora examinemos un hermoso ejemplo clásico del juego del famoso gran maestro Reti. Esta combinación se inicia con una maniobra forzada relativamente larga. Al parecer, por esto M. Euwe, en su libro *Estrategia y táctica en el ajedrez*, colocó a esta combinación en la categoría de combinaciones «acumulativas».

Según mi teoría, ésta es una combinación con una maniobra forzada introductoria que es una parte componente de la misma.

Reti - Bogoliubov
Nueva York, 1924

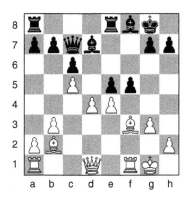

Juegan las blancas:

1.♕c2

Las blancas amenazan con capturar no sólo en f5 sino también en d5, al mismo tiempo que defienden su peón en c5 con su dama. ¿Qué harán las negras? Realizar el cambio fxe4 es desventajoso, luego sucede 2.♗xe4 dos peones están amenazados, tanto el peón en e5 como el peón en h7. De aquí que la respuesta de las negras sea forzada.

1...exd4
2.exf5 ♖ad8

El contraataque 2...♕e5 atacando al peón blanco es insatisfactorio a causa de 3.♕c4+ ♔h8 4.♗xd4 ♕xf5 5.♗xc6, una simple combinación de despeje de línea. El intento de atacar con los peones a la torre tampoco es prometedor 2...♖e5 3.♗xd4 ♖xf5 4.♗e4 ♖xf1+ o 4...♖h5 pierde por 5.♕c4+ ♔h8 6.♕f7 amenazando a la torre y amenazando con dar mate en g8. 5.♖xf1 h6 o 5...g6 6.♗xg6 etcétera; 6.♕c4+

♔h8 7.♕f7 con dos amenazas decisivas 8.♕xf8+ y 8.♕g6.

3.♗h5 ♖e5

Si la torre fuese a 3...♖e7 o a 3...♖e3 entonces después de 4.♗xd4, las negras jugarían 4...♗xf5 a causa de 5.♕xf5 con lo que alfil no puede ser capturado a causa de mate en f8.

4.♗xd4 ♖xf5

Desde luego, si 4...♗xf5 entonces 5.♗xe5.

5.♖xf5 ♗xf5
6.♕xf5 ♖xd4

Las negras han mantenido la igualdad material, pero si al comienzo de la maniobra forzada hubiesen visto toda la combinación, entonces seguramente habrían preferido permanecer con un peón menos para evitar lo que viene.

7.♖f1

Las piezas blancas se han concentrado para el ataque contra el rey negro. La maniobra forzada introductoria está llegando a su fin.

7...♖d8

Naturalmente 7...♗e7 pierde por 8.♕f7+, etcétera. La defensa 7...♕e7 es refutada por 8.♗f7+ ♔h8 9.♗d5, aislando a la torre negra que no puede volver a d8.

8.♗f7+ ♔h8
9.♗e8!

El movimiento final de la combinación. Evidentemente el alfil no puede ser capturado so pena de muerte. Al mismo tiempo 9.♗e8! ha aislado a las piezas mayores negras que ya no actúan a lo largo de la fila de retaguardia de las negras para defender al alfil, por lo que Bogoljubov abandonó.

Rey «encerrado» por sus piezas

Según Piotr Romanowsky

A continuación analizaremos una brillante idea combinatoria, una combinación cuyo tema es la ruina del rey «encerrado» por sus propias piezas. Esencialmente, esta idea se asemeja a la del mate al rey encerrado por sus propios peones que hemos visto anteriormente y lleva recorrido un largo camino, por lo visto, entró en la historia de la combinación en vida de Greco.

El rey está en situación de mate, a consecuencia de su inmovilidad ocasionada por la pieza y los dos peones que lo rodean.

En la partida que Schiffers ofrece en su *Manual autodidáctico*, sin dar el nombre de los jugadores, este mate se produce de la siguiente manera:

1.e4 e5
2.d4 c5
3.dxc5
El sacrificio del peón de las negras carece de fundamento, y las blancas hubiesen podido tomar el peón e5 sin reparo alguno.

3...♗xc5
4.♘f3 ♘f6
5.♗c4 O-O
6.♘xe5 ♘xe4
7.♕d5 ♘xf2
8.♘xf7 ♕h4
9.♘h6+ ♔h8
10.♕g8+ ♖xg8
11.♘f7# mate.

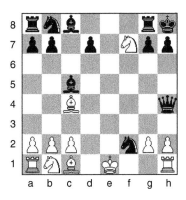

A esta suerte de mate dado al rey encerrado por una torre o caballo y peones se llama «mate cerrado».

En el manuscrito de Greco hallamos el siguiente ejemplo de «mate cerrado» en el final de una partida.

Aquí, el rey blanco está encerrado por dos peones y tres piezas ligeras.

15...♘f2+
16.♔e1 ♘d3+
17.♔d1 ♛e1+
18.♘xe1 ♘f2# mate.

Esta combinación se basa el doble jaque de la dama y el caballo. En el primer caso, mediante ♘h6+ y en el segundo por medio ♘d3+.

La idea de la combinación se manifiesta en el sacrificio de la dama, hecho con objeto de bloquear al rey y privarle del único escaque al que podría retirarse.

La situación de mate «cerrado» se produce en las partidas también como amenaza que puede reportar ventajas decisivas al bando que la inicia. Ofrecemos un ejemplo.

Aquí las blancas tienen cierta superioridad, pero la lucha habría podido prolongarse bastante si no hubiese existido una posibilidad combinatoria relativa a la idea del mate cerrado. Se prosiguió:

24.♘d6!
Y las negras se rindieron, porque sufrirían más pérdidas materiales tras:

24...cxd6
25.♗xd5+, etc.

El principal recurso de la combinación consiste en:

24...♗xg2
25.♕a2+ ♔h8
26.♘f7+ ♔g8
27.♘h6+ ♔h8
28.♘f7+ ♔g8
29.♘h6+♔h8
30.♕g8+ ♖xg8
31.♘f7#mate.

Aun cuando esto es indudable, puede ser mal entendida la causa o la consecuencia de su genialidad. Morphy logró dar mate cerrado a sus oponentes dos veces, las dos partidas en que se produjo fueron reseñadas en muchas ediciones.

La idea de la combinación en el mate del rey «encerrado» consiste en privar al rey de movilidad a través de sus piezas y peones propios. Para ejecutar esta idea basada en el ataque conjuntado y armónico de la dama y el caballo, son necesarias las siguientes operaciones:

-Dar jaque por la diagonal con la dama.
-El doble jaque de dama y de caballo.
-El sacrificio de la dama que causa el encierro del rey con sus propias piezas.
-El caballo da mate desde la casilla crítica en la que se sitúa por segunda vez.

La importancia de esta combinación es puramente histórica. Sin embargo, el arte de sacrificar la dama y la estructura exterior del mate continúan produciendo una impresión estética en el aficionado al ajedrez.

Cacería al rey abandonado

Según Kurt Richter

Algunas veces vemos cómo el rey enemigo es atraído al exterior y, lejos de los suyos, se convierte en fácil botín para el adversario. Las configuraciones de mate son aquí menos complicadas, porque cuanto más se aleja el rey de su casilla residencial, más pequeña se hace su fuerza defensiva y más fácilmente se cierra la red del mate.

Una partida jugada por Zukertort muestra en forma simple una cacería con éxito del rey como consecuencia del prematuro juego con la dama por parte del adversario.

1.e4 e5
2.♘f3 ♛f6?
3.♗c4 ♛g6?
4.O-O! ♛xe4

Quien con la poderosísima dama al empezar no sabe hacer otra cosa que comer a un mísero peón, se tiene merecido el mayor de los castigos.

5.♗xf7+!
Comienza la cacería. Tras 5...♚xf7 vendría naturalmente 6.♘g5+.

5...♚e7
6.♖e1 ♛f4
7.♖xe5+
7...♚xf7

Persecución del enemigo sin pensar en los sacrificios.

8.d4 ♛f6
9.♘g5+ ♚g6

¡Un cuadro grotesco! De las fuerzas combatientes negras sólo la pareja de soberanos interviene en la batalla.

10.♕d3+ ♚h5
11.g4+!

Empujando dentro de la red de mate.

11...♚xg4
12.♕h3# mate.

Por haber salido la dama en busca del botín ocurrió lo peor; está claro que una cosa así no podía acabar bien.

Ataque doble disimulado

Según Ludek Pachman

Más dificultad presentan los ejemplos que combinan una amenaza visible con otra disimulada en cierto modo.

Tolush - Antoshin
XXIV Campeonato Ruso

Tolush jugó:

1.♛c3!
La amenaza de la dama blanca a la torre negra en la casilla a5 es ostensible, la segunda amenaza se descubrió en el transcurso del juego:

1...♜a4
2.♜xg7+! ♚xg7
3.e6+ ♚h6
4.♛h3+ ♚g7
5.♗e5+

Y las negras abandonaron.

Análogo es el ejemplo siguiente:

Boleslawski - Flohr
Budapest, 1950

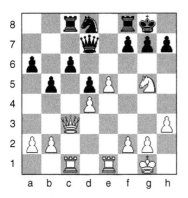

Boleslawski forzó primero la debilidad en la posición contraria con la jugada:

1.♕d3!

Que obliga la respuesta:

1...g6

No se debe jugar primero 1.♕a3, las negras pueden defenderse con 1...h6 y contestar a 2.♘h7 con 2...♖e8. Ahora:

2.♕a3!
Y las blancas atacan dos peones simultáneamente. Si las negras defienden el peón en a6 sigue 3.♘xh7, no siendo posible 3...♖fe8 por la respuesta de las blancas 4.♔f6+. Continuó la partida:

2...♘e6
3.♘xe6 fxe6
4.♕xa6

Y las blancas ganaron gracias al peón de ventaja que acaban de conquistar.

Combinaciones basadas en bloqueos

Según Igor Bondarewsky

Naturalmente, cuando hablamos de la posición pobre de una pieza no nos referimos a su aislamiento de la escena principal de la acción, sino meramente al hecho de que en la posición que surge del sacrificio está mal colocada con respecto a la posición efectiva de piezas que se obtiene entonces.

Cuando tratamos del bloqueo, la atracción vuelve de nuevo a intervenir, pero no es la pieza atraída la que se explota para el ataque resultante, sino otra cuya movilidad queda restringida por la pieza atraída.

Consideremos ahora otra combinación con este propósito para familiarizarnos mejor así con la idea del bloqueo.

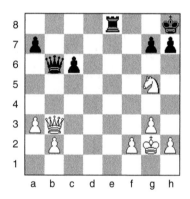

La dama es sacrificada con objeto de atraer y de divertir a la torre negra hasta la casilla g8. Sin embargo, aquí, el ataque resultante no estará dirigido contra esta torre, sino contra el rey, que, como resultado de esta diversión, se ve privado de su último movimiento posible, ya que cuando el escaque g8 es ocupado, queda bloqueado.

1. ♘f7+ ♚g8
2. ♘h6+ ♚h8
3. ♕g8+

3... ♖xg8
4. ♘f7# mate.

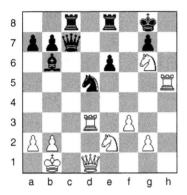

Las blancas pueden decidirse a hacer un sacrificio basado en el bloqueo.

1. ♖dxd5!

Las negras no pueden aceptar el sacrificio, ya que después de 1...exd5 sigue 2.♕xd5+, y la dama negra es atraída al escaque f7, 2... ♕f7, creando un bloqueo tras el cual las blancas dan mate con 3. ♖h8# mate. De aquí que en la combinación las blancas ganen un caballo. En la práctica, un sacrificio con la idea de bloqueo ocurre casi exclusivamente en combinaciones de mate, para restringir los movimientos posibles de un rey.

Atracción al rey

Según Piotr Romanowsky

La idea de atraer al rey adversario al campo propio tiene raíces hondas. A continuación mostramos una ejemplo.

Kugenek - Romanowkky
San Petersburgo, 1912

Las negras llevan una ventaja notable, no obstante las blancas consiguieron causarles ciertas complicaciones. Aquéllas tienen debilitado el flanco de la dama y la posición de su caballo no es eficiente. Resumiendo, las blancas parecen tener la iniciativa, aun cuando mueven las negras. Prosiguió:
30...♖e1+

A primera vista, este jaque merece ser reprochado porque con él se abandona la defensa del caballo, pero es oportuno según veremos:

31.♔g2 ♕xf2+!

Este sacrificio fuerza el mate, que se producirá dentro de unos movimientos.

32.♔xf2 ♖8e2+
33.♔f3 ♘e5+
34.♔f4 ♖f1+
35.♔g5 h6+
36.♔xh6 ♖xh2+
37.♔g5 ♖h5# mate.

Obstáculos suprimidos

Según Kurt Richter

Otra gran parte de las combinaciones tienen como objetivo la supresión de obstáculos en el camino del mate. Aquí
desempeña especialmente un gran papel la desviación o
conducción.

Treybal - Petkevic
Praga, 1937

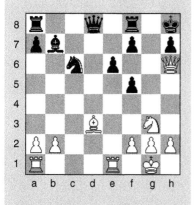

Con:
1. ♗xf5! exf5
2. ♘xf5 destruyeron las
blancas el primer obstáculo
en el camino hacia el mate;
después de:

2... ♖g8 parecía estar todo
cubierto y que era imposible
continuar en vista de que las
negras amenazaban por su
parte con ♕g5. La brillante
jugada:

3. ♖e8!! descubrió sin embargo la debilidad de la posición negra. Ahora se desvía
la torre g8 o la dama d8, de
forma que según el caso, se
hace posible ♕g7 mate o
♕f6+ con mate en la si-
guiente jugada.

Así como en la parte anterior
se atraía al rey con jugadas
de sacrificio, ahora se atraen
piezas menores y peones.

Foltys - Mohyla
Ostrava Morava, 1940

Rellstba - Novarra
Berlín, 1940

1.♕h8+ ♔e7
la jugada 2.♕xg7 daría mate si
no estuviese el peón f7. Por
tanto este peón debe ser
destruido, apartado del camino.

2.♘g6+ 2...fxg6
3.♕xg7# mate.

Después de:

1.♖xf8+ ♔xf8
de otra forma las negras re-
cibirían 2.♕xh7 mate. Continuó:

2.♘g6+ hxg6
3.♕h8+ ♔f7
4.♕xg7# mate.

Aquí el sacrificio del caballo
en g6 tiene por objeto des-
viar al peón h7 y dejar libre
la ruta del alfil b2. Pero no
es necesario que exijamos la
pureza de objetivos en las
combinaciones de mate.

Hemos tratado desviaciones forzadas, el siguiente ejemplo muestra la misma idea pero en forma de trampa.

Wendt - Groschupff
Swinemünde, 1937

En interés del ataque las blancas sacrificaron una pieza, pero no pueden continuar más adelante. El alfil e2 de las negras es muy fastidioso.

¿Cómo destruirlo?

1. ♖af1!
Quizás acepte el adversario.

1... ♗xf1
Y es que lo hizo.

2. ♕xh7+ ♔xh7
3. ♖h4# mate.

Ya no puede interponer el alfil negro en h5.

Ataque simultáneo

Según Ludek Pachman

Un ejemplo histórico de ataque doble se reproduce en la siguiente posición. Las negras abandonaron la partida con la creencia de que su alfil en d4 estaba irremediablemente perdido.

Popiel - Marco
Montecarlo, 1902

Juegan las negras.

Las negras abandonaron la partida, sin embargo, precisamente podían ganar la partida jugando:

1...♗g1!

Con ataque simultáneo a la posición del rey y de la dama.

Combinaciones basadas en destruir una guardia

Según Igor Bondarewsky

La eliminación de una defensa en el sentido amplio de la palabra, es el propósito que persigue cualquier combinación. En el análisis final, el bando a la defensiva se ve privado de toda defensa satisfactoria y tiene que sufrir pérdidas materiales o empeoramiento de su posición.

Cuando se habla de combinaciones basadas en destruir la guardia, pensamos en combinaciones en las que la destrucción se realiza por medio de un sacrificio directo o, como podría decirse, en su «forma más cruda».

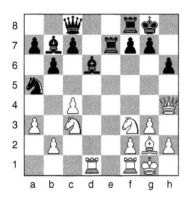

Al parecer, las negras tienen una posición sólida, pero con un simple sacrificio en el cambio las blancas ganan una pieza.

1.🜚xd6!

Esta combinación es, desde luego, completamente elemental, pero da una idea clara de lo que significa «destruir una guardia».

Si la torre es capturada 1...cxd6, se sigue con 2.♛xe7. Un sacrificio puede utilizarse no sólo para liquidar a una pieza o peón que defiende a otra pieza, sino también para destruir la defensa de algún punto impor-

tante, como en el ejemplo
siguiente.

El caballo negro en b6 está
defendiendo una casilla importante, sino fuese por este
caballo, las blancas darían
jaque doble a rey y dama si-
tuando el caballo blanco en
d7. De aquí surge el pensamiento de que si este caballo
fuese destruido, la defensa
en d7 quedaría destruida al
mismo tiempo.

1.♕xb6!
Y las blancas ganan al menos
un caballo, ya que si 1...♕d5
2.♘a6+ ♔a8, y 3.♘xc7+
♖xc7 4.♕xc7.

Y acaban ganando una torre.

I. Rabinovich - Panov
IX Campeonato U.R.S.S.,
1934

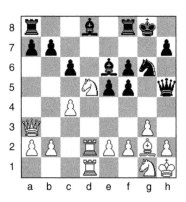

1.♕d6!

El movimiento introducto-
rio para la combinación.

1...♗f7

Si 1...♗xd5 2.cxd5, con ventaja para las blancas, ya que
no existe ninguna defensa
satisfactoria contra la amenaza 3.dxc6.

2.♕xd8!

Al sacrificar su dama, las
blancas destruyen la guardia de la casilla f6 de las
negras. Si 2...♖axd8 en-

tonces 3.♘xf6+ es el ataque resultante.

2...cxd5

Si 2...♗xd5, entonces 3.♗xd5+ y si 3...♔h8 4.♗f3.

3.♕xf6

Valorando la posición final, podemos decir que las blancas han logrado una ventaja definida: tienen un peón más y si 3...dxc4 entonces 4.♖d7 es muy desagradable para las negras.

Grigoriev - Chistiakov
Moscú, 1935

El rey de las blancas está mal colocado. A cualquiera se le ocurre un ataque a lo largo de la columna abierta h. Examinando la posición cuidadosamente, vemos que la defensa de las blancas está basada en su casilla h3.

¿Cómo puede superarse esto? La casilla está defendida tanto por la torre como por el caballo. ¿Se puede destruir una de las piezas defensoras con un sacrificio? Analizando todos estos factores, llegamos a la posibilidad de un sacrificio de la dama a cambio del caballo de las blancas. El análisis muestra que esta combinación es ventajosa:

1...♕xg5!
2.fxg5 ♖h8+
3.♖h3 ♖xh3+
4.gxh3 c5+.

Y mate al siguiente movimiento.

Seudosacrificio y sacrificio

Según Piotr Romanowsky

Se da el nombre de sacrificio a toda entrega voluntaria de material, como piezas y peones, con objeto de llevar a término una idea combinatoria.

Y se llama seudosacrificio a toda entrega que pueda ser restituida dentro de dos o tres jugadas y que el que la ha ejecutado logre ventaja material. El de la partida Bernstein - Capablanca quizá es de este tipo; la dama se entrega, pero no puede ser tomada porque, en este caso, se da mate inmediatamente; por ello, se puede llamar seudosacrificio, que no carece de belleza. Pues, en él, también se infringen brusca e inesperadamente las nociones habituales de posibilidad y admisibilidad de una u otra jugada. El seudosacrificio parece a primera vista un descuido, nombre que se da a una amenaza inadvertida. Cuando se pone en claro que la pieza situada en una casilla no defendida es intocable, el interés se inclina a toda la composición creadora. Porque el seudosacrificio, al igual que el sacrificio, es una activa acción ofensiva que necesita la correspondiente situación combinatoria.

Por lo cual resulta difícil advertir una diferencia considerable entre uno y otro. Hablando con propiedad, se puede anteponer el prefijo seudo casi a todo sacrificio, por cuanto el iniciador de él logra ventaja o debe lograrla, según el carácter genérico y diferencial de la combinación. El poder de la influencia estética del sacrificio se determina no tanto por los argumentos que disputan el derecho de calificar de sacrificio la entrega de material como por una serie de otras razones creadoras que suceden en torno de las dos clases de

sacrificio. En ambos casos se produce un súbito quebranta-
miento de las ideas comunes, circunstancia suficiente para
la percepción estética de lo que acontece.

Para los varios grados de influencia estética, tiene importancia esencial una serie de circunstancias que conciernen
no sólo al hecho del sacrificio o del seudosacrificio, sino
también a la relación mutua entre la idea del primero y la
estructura de la combinación. Seguidamente indicaremos
algunas de ellas; por ejemplo, es importante el momento en
que se ofrece el sacrificio; esto puede suceder al comienzo,
en medio y al final de la combinación. En la partida Bernstein - Capablanca, el seudosacrificio final, manifestado en
el movimiento 29...♛b2!! y calificado de amenaza efectiva
y concluyente por los comentaristas, se reduce a varias cua-
lidades estéticas: belleza constructiva, apercibimiento e
inadvertencia y, por ende, imprevisión, poder e imposibili-
dad de rechazarlo. Lo que causó la inmediata capitulación
del adversario.

El sacrificio de la dama

Según Piotr Romanowsky

El sacrificio puede causar más efecto al comienzo de una combinación de muchos movimientos, donde es difícil precisar si su realización ha sido oportuna, donde la contienda sucede, a veces, en prolongadas condiciones de desigualdad material y donde el bando con menor número de fuerzas logra la victoria.

Se pueden sacrificar un peón, una pieza menor, una torre, varias piezas y hasta la dama; es decir, la pieza más valiosa, y cuyo sacrificio o seudosacrficio suele causar una impresión muy viva.

He aquí unas combinaciones sobre este tema.

Kotov - Bondarewsky
Torneo soviético en memoria de Savitski.
Leningrado, 1936

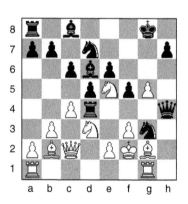

La particularidad de esta posición consiste en que aún

no se ha producido ningún cambio de piezas. El flanco de la dama negra está «congelado» y la torre y el alfil negros están inactivos. La otra torre negra en el escaque d4, se halla rodeada de piezas adversarias donde evidentemente perecerá. La situación de las negras es poco envidiable, pero la del rey blanco no es mejor, dando motivo para toda suerte de combinaciones. Las negras amenazan no sólo con un jaque doble y abierto si sitúan el caballo en la casilla e4, también amenazan con cambiar su alfil negro por el caballo blanco. Las blancas no tienen otra alternativa que tomar la torre. Con arreglo a esto, se prosiguió:

22.♗xd4 ♘e4+!
23.♔e3

Esto causa el mate, las negras pueden realizar una bella combinación con el sacrificio de la dama. El movimiento 23. ♔f1 no alivia la situación por suceder

23...♗xe5 24.♗xe5 ♘xe5 25.fxe4 ♘g4 con lo que se amenazaría con ♘e3# mate o ♘h2# mate. En esta variante el movimiento 24.♘xe5 tampoco reportaría ventaja a las negras, pues seguiría 24...♘g3+ 25.♔f2 ♛xd4+ 26.♔xg3 ♘xe5, y así sucesivamente.

23...f4+

Este movimiento soluciona dos problemas: bloquea la casilla f4 de las blancas y aparta al caballo blanco de la defensa del escaque f2.

24.♘xf4 ♛f2+
25.♔d3

25...♛xd4+!!

Tres piezas menores negras dan mate al rey blanco en el centro del tablero y en el momento en que las blancas tienen una gran superioridad material.

26.♔xd4 ♗c5+
27.♔d3 ♘xe5# mate.

La idea de esta combinación se basó en la atracción del rey a la red de mate, y su acto decisivo fue el sacrificio de la dama.

En la partida Bernstein - Capablanca, el sacrificio de la dama fue la apoteosis de la combinación y en la Kotov-Bondarewsky forzó el mate en tres jugadas.

En los siguientes ejemplos el sacrificio se hace al principio de la combinación, con un aspecto más efectista.

Averbakh - Kotov
Torneo Internacional de pretendientes
Zurich, 1953

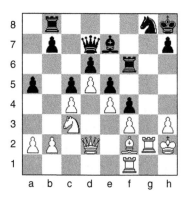

La cadena de peones negros d6, e5 y f4 limita en extremo la actividad de las piezas adversarias: el rey blanco ocupa una posición poco segura, y el punto h3 carece de estabilidad, por ser el objeto del ataque de las negras, mediante ♖h6.

30.♘e2

Como el escaque h3 únicamente se puede defender con el caballo desde g1, este movimiento es forzado. Con todo, se desata una tempestad combinatoria en el tablero.

30...♛xh3+!

Esta bella combinación muestra que el poder de una pieza lo determinan su situación y el papel dinámico que le toca jugar en el desarrollo de los acontecimientos. La superioridad cuantitativa de las blancas en una dama se compensa excesivamente con la posición activa de las piezas negras; no obstante lo cual, sus fuerzas se encontrarán detrás de su rey, lo que les impedirá prestarle inmediatamente el apoyo que necesita.

31.♔xh3 ♖h6+
32.♔g4 ♘f6+
33.♔f5 ♘d7

Ahora se amenaza con dar mate dentro de tres jugadas, mediante 33...♖f8+, etc., del que las blancas pueden defenderse momentáneamente, pero habría sido inmediato si las negras hubiesen jugado 33...♘g4.

34.♖g5 ♖f8+
35.♔g4 ♘f6+

36.♔f5 ♘g8+
37.♔g4

La combinación se prolongó, debido a la negligencia técnica que las negras cometieron en el movimiento 33...♘d7. Esto disminuye un poco su resonancia estética, pese a todo, hallaron la manera de ganar, lo que salva la reputación del sacrificio que han ofrecido.

37...♘f6+
38.♔f5 ♘xd5+

Este innecesario movimiento fue debido a la falta de tiempo.

39.♔g4 ♘f6+
40.♔f5 ♘g8+
41.♔g4 ♘f6+
42.♔f5 ♘g8+
43.♔g4 ♗xg5
44.♔xg5 ♖f7

De nuevo, las negras amenazan mate con ♖g7.

45.♗h4 ♖g6+
46.♔h5 ♖fg7
47.♗g5 ♖xg5+
48.♔h4 ♘f6

85

49.♘g3 ♖xg3
50.♕xd6 ♖3g6
51.♕b8+ ♖g8

De entre las dos posibilidades de sacrificar la dama las negras eligieron la peor. Aunque ello no hizo variar el resultado de la combinación. Por tanto, la precisión técnica es también un elemento a considerar.

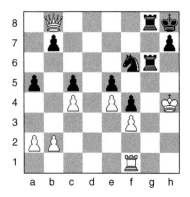

Y las blancas se rindieron.

Combinaciones basadas en el despeje de líneas

Según Igor Bondarewsky

Habiéndonos familiarizado con el desalojamiento de casillas, examinemos ahora ejemplos basados en despejes de líneas. Es lógico que un caballo, que tiene una especie particular de movimiento de salto, no pueda beneficiarse del despeje de líneas. Similarmente, un peón, que sólo puede avanzar una casilla, no puede tener ninguna línea especial. Para un peón coinciden los conceptos de desalojamiento de casilla y despeje de línea. Pero un peón no movido tiene una línea de movimiento, aunque ésta consista meramente en dos casillas.

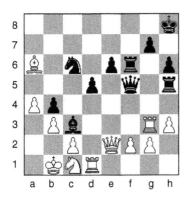

Juegan las blancas:

1. ♖xc3! bxc3

2.g4

El motivo para la combinación fue el hecho de que la dama y la torre de las negras estaban mal colocadas como invitando a un jaque doble por parte del peón. Como resultado, las blancas ganan una pieza por un peón. En este caso teníamos que desalojar la casilla g3 donde estaba la torre. Uno podría objetar que el despeje de línea es inconcebible sin desalojar también una casilla. Verdad es que esto es completamente correcto, pero, desde un punto de vista teórico, hay una diferencia y además —lo que es más importante desde nuestro punto de vista— la división de los conceptos de desalojo de casilla y de despeje de línea es significativo desde el punto de vista que se refiere a buscar una combinación en la práctica.

Presten particular atención a la posición siguiente, en la que se lleva a cabo un tipo de apertura de línea que es muy común en la práctica, aunque evidentemente en una forma mucho más complicada. Dicho sea de paso, he tenido a menudo ocasión de jugar esta combinación tan elemental en exhibiciones simultáneas.

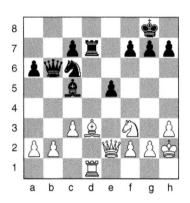

Juegan las blancas:

1. ♗xh7+ ♚xh7
2. ♖xd7

Naturalmente, el jugador que hace una combinación como ésta no piensa únicamente en desalojar la casilla d3 para que la torre pueda entrar en acción, sino que más bien sus pensamientos tienden al despeje de línea para la torre sugerido por el motivo de la torre negra sin defensa que está en la columna de la dama.

Alekhine - Tartakover
Kecskemet, 1927

En el diagrama la combinación de las blancas repite la idea de despeje de línea por medio de dos sacrificios. El motivo que sugiere la combinación es el hecho de que la dama de las negras está colocada en la línea de una «batería» que consiste en la torre y en el alfil de las blancas.

1.♘h6+!
Despejando una línea para el alfil que está en d3. Naturalmente, el sacrificio debe ser aceptado.

1...gxh6
2.♗xh7+!
El segundo despeje de línea, esta vez para la torre. Las negras aceptaron este segundo sacrificio, ya que rehusarlo también implicaba pérdida.

2...♘xh7
3.♕g4+
Las blancas podrían también ganar con 3.♖xd8 ♗xc4 4.♖xe8+ ♗f8 5.♗f4, acabando el cambio con ventaja. Alekhine elige un juego aún más simple.

3...♔h8
4.♖xd8 ♖xd8
Si 4...♗xd8 entonces 5.♕f3 forzando de nuevo 5... ♘c6 cediendo el caballo. Las blancas han calculado certeramente todas las variantes.

5.♕e4 ♘c6
6.♕xc6
La combinación ha terminado y las blancas tienen una ventaja material decisiva.

Utilización táctica de las piezas.

Ejemplos prácticos

Según Ludek Pachman

Meyer - Thiermann

Las blancas juegan y ganan.

Las blancas tienen dificultades para imponer su ventaja material; la continuación 1.♕h6+ ♔g8, es infructuosa. Sin embargo la victoria es segura si el alfil logra apoderarse de la gran diagonal negra:

1.c4! ♘g5
(1...bxc4   2.♕h6+   ♔g8

3.♗c3)
2.♗c3+ ♔h7
3.♕d4 ♖a2+
4.♔f1
La negras abandonaron.

Liberman - Semeanu

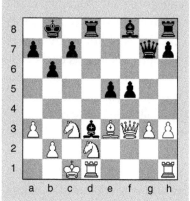

Las negras juegan y ganan.

1...e4
2.♕xf5 ♕xc3+
3.bxc3 ♗xa3# mate.

Blümich - Alekhine

¿Cómo pueden aprovechar las negras la favorable situación de su dama?

1...f4
2.gxf4 ♛b5
Sorprendente desplazamiento de la dama hacia el flanco opuesto. No vale para las blancas (3.♔e2 ♛xd3+ 4.♔xd3 ♞e1+).

3.c4 ♛xc4
4.♛xf3
(4.♞xc4 ♜e1# mate)

4...♛xd3+
5.♔g2 ♛xd4
6.f5 gxf5
Las blancas abandonan.

Imkamp - Baumann

Las blancas juegan y ganan.

1.♗xf5! ♜xf5
2.♜xf5 ♛xf5
3.e6
Las negras abandonan.

Poisl - Grurie

Heemsoth - Heissenbütel

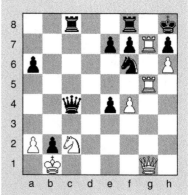

Las blancas fuerzan un mate rápido.

1.♖e5 ♛d7
2.♖xe8+ ♛xe8
3.d7 ♛xd7
4.♛b8+ ♚h7
5.♛h8+! ♞xh8
6.♖g7# mate.

Las blancas juegan y ganan.

1.♖c5! ♛xc5
2.♖xh7+ ♞xh7
3.♛g7# mate.

Grolmus - Pachman

Las negras juegan y ganan.

1...♕xg2+
2.♘xg2 ♖xg2+
3.♔h1 ♗f3
Las negras ganan.

Fuderer - Pachman

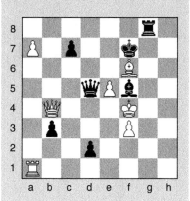

¿Pueden las negras forzar el mate?

Después de:
1...c5
2.♕b8 ♖g4+
3.fxg4 ♕e4+

Lnegras llevan a buen término una maniobra de mate combinando el juego de la dama y el alfil:
4.♔g3 ♕xg4+
5.♔f2 ♕f4+
6.♔g2 ♗e4+
7.♔h3 ♕f3+
8.♔h4 ♕f2+
9.♔g4 ♗f3+
10.♔f4 ♗e2+
11.♔g5 ♕g3+
Las blancas abandonan.

Ryan - Lipschutz

Las negras juegan y ganan.

1...♕xh4!
2.gxh4 ♖xe2+!
3.♕xe2 ♗xf4+
4.♖g3 ♖xg3

Las blancas abandonan.

Las blancas jugaron 1.c4 ¿Fue buena esta jugada?

La jugada 1.c4? es un error. Después de:

1...♖xc4!
2.♖xc4 ♕g5

Las negras recuperan la torre y ganan al final valorizando el peón de ventaja.

Bendix - Lindau

1.♘xf7! ♔xf7
2.♕f5!

Y las blancas ganan.

Un sacrificio puesto a prueba

Según Piotr Romanowsky

Maroczi - Janowsky
Torneo Internacional
Ostende, 1905

1.e4 e5
2.♘f3 ♘c6
3.♗b5 a6
4.♗a4 ♘f6
5.d3

A más de esta combinación pasiva, las blancas disponen de otras tres posibilidades más activas: 5.d4, 5.♗xc6 y 5.O-O también hay que tener en cuenta los movimientos 5.♘c3 y 5.♕e2, que pueden servir de apoyo a un juego activo en el centro.

Es muy posible que Maroczi procurase no forzar la lucha ante un adversario temperamental.

5...♗c5
6.O-O d6

7.♗e3

Tras una preparación como corresponde, las blancas se disponen, sin embargo, a empezar una ofensiva en el centro con el movimiento d4.

7...b5
8.♗b3 ♗g4

Esta inmovilización disminuirá la presión de las blancas después que hayan jugado d4. Por otra parte, las negras les incitan a jugar h3 y g4. Para librarse de la inmovilización, se necesita realizar maniobras prolongadas, lo que supone mucho peligro, dada la activa disposición de las piezas negras. Las blancas se orientan hacia el avance del peón d4, es acertado; sin embardo, hay que censurarles su quinta jugada.

9.c3
9...♛e7
10.♘bd2 ♜d8
11.♗d5 ♘b8
12.d4 exd4!

Esto es una respuesta contundente y de mucho alcance.

13.cxd4 ♗b6
14.♗b3

¡Han jugado con temor! No tenían que temer la captura del alfil. Era más conveniente jugar 14.♛c2, y así se libran de la molesta inmovilización.

14...O-O
15.♜e1 c5!
Ahora las negras toman la iniciativa. A las blancas no les conviene cambiar el peón y tienen que adelantarlo. Esto deja libre el importante escaque e5, en el que las negras pueden situar a uno de sus caballos. Además, el avanzado e importante grupo de tres peones del flanco de la dama se opone a los dos adversarios. La clavada del caballo se

complica a medida que se desarrollan los acontecimientos.

16.d5 ♗a5!

Las negras se disponen a mover c4, amenazan con tomar el peón blanco en e4.

17.♗c2 ♘bd7
18.h3 ♗h5
19.♗f4

A 19.g4 sucedería la combinación 19...♘xg4 20.hxg4 ♗xg4 y no se podría jugar 21.♗f4 por la respuesta 21...♗xd2 22.♗xd2 ♘e5.

19...c4
20.♜e3 ♗b6
21.♜e1
La maniobra de la torre tiene como objeto librar de la clavada al caballo en d2. Es lógico que las blancas estén de acuerdo con la repetición de jugadas.

21...♘e5!
22.♗xe5

No se puede tolerar la presencia del caballo en esta casilla, aunque el alfil negro de casillas negras dobla su potencia amenazadora.

22...dxe5
23.g4

Esta jugada no concuerda con el precavido y prudente juego de las blancas en esta partida. No parecen que ellas puedan rechazar el ataque si el caballo toma el peón g4. Maroczi llegó a la conclusión de que la única posibilidad de salvar la partida era incitar a las negras a cambiar el caballo por dos peones. Tuvo razón hasta cierto punto, veámoslo. Las blancas sufrirían menos tras 23.♘f1 ♗g6 24.♘g3 ♘h5 es más contundente la ma-

niobra 24...♘e8 y luego ♘d3 25.♘xh5 ♗xh5 26.g4 ♗g6.

El movimiento 23.g4 es una continuación casi forzada.

23...♘xg4

Rubinstein, Schlechter y Capablanca posiblemente hubieran jugado 23...♗g6.

24.hxg4 ♗xg4
25.♔g2 ♖d6
26.♖g1 ♖f6
27.♕e1

Para incluir el alfil en la defensa el escaque f3, situándolo primero en d1. A 27.♔f1, que parece mejor, podría suceder 27...h5.
27...♖f4!

Las blancas no pueden defenderse de 28...f5 29.exf5 ♗xf3 30.♘xf3 e4.

28.♔f1 ♗xf3
29.♘xf3 ♖xf3
30.♖g2 ♕h4
31.♔g1

O bien 31.♔e2 ♕h5 y las negras ganan.

31... ♖h3

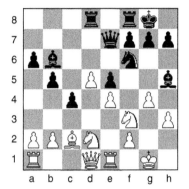

Y las blancas se entregaron. En esta partida el sacrificio ha sido puesto a prueba.

Ataque mediante descubierta

Según Kurt Richter

Enevoldsen - E. Andersen
Campeonato danés, 1937

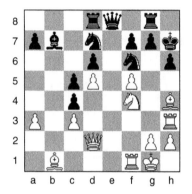

Con:
1.♘e6!
Colocaron las blancas a su caballo descaradamente ante las narices del adversario. Podían hacer esto porque 1...fxe6 está prohibido a causa del jaque a la descubierta 2.fxe6+.

1... ♖c8

Inteligente cede, debieron pensar las negras pero el caballo continúa con su papel enredador.

2.♘xg7!
Socavamiento de la protección de peones.

2... ♔xg7
Para tras 3.♗xf6+ emprender todavía con ♔xf6 una especie de intento de fuga. Pero en lugar de eso:

3.♕xh6+!!
Obliga al rey en un mortal jaque a la descubierta a:

3...♔xh6
4.♗xf6# mate.

El siguiente es un ejemplo de la fuerza de un jaque con dos piezas.

Heuäcker - Paulitz
Breslau, 1939

Bogoljubow - Reinhardt
Bergedorf, 1938

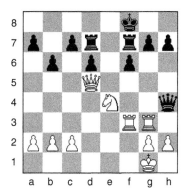

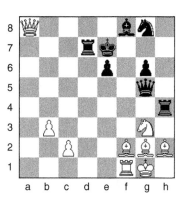

Está claro que las blancas deben ganar, porque los dos peones de más que tienen las negras no constituyen una compensación de la pieza menor perdida. Además las torres negras están en una posición antinatural, por lo que la 8ª fila se encuentra sin protección. Pero también en tales posiciones ganadas tiene mérito esforzarse en conseguir el triunfo del mate inmediato.

1.♕a8+ ♚e7
2.♖e3 d5
3.♕e8+!! ♚xe8
¡Se mete dentro del jaque con dos piezas!

4.♘xf6+ ♚d8
5.♖e8# mate.

A cambio de la sacrificada calidad, las blancas tienen una fuerte posición de ataque. Pero movieron 1.♗b6 y la partida acabó más tarde en tablas. «¡Con lo que me hubiera gustado dar mate!», dijo Bogoljubow después de la partida. Pudo hacerlo, lo que debió jugarse fue:

1.♘e4! ♖xe4
2.♗h4!!
Este ataque a la descubierta es de una fuerza impresionante.

Queda suelta la torre, por lo que amenaza ♕xf8 mate, pero al mismo tiempo la dama negra está atacada y clavada. Las negras están perdidas sin remisión.

Combinaciones basadas en el cierre de líneas

Según Igor Bondarewsky

Hasta aquí habíamos tenido sacrificios con el fin de despejar o abrir una línea para la acción de las piezas del bando activo, ahora tenemos el cierre de la línea de acción por parte de las piezas del bando a la defensiva ejecutado por una de sus propias piezas.

Juegan las blancas:

1.♘d6!

Este es un cambio con ganancia, ya que después de 1...cxd6 la línea de acción de la dama de las negras queda cerrada y las blancas pueden jugar la maniobra forzada 2.♘h6+ ♚h8 3.♘xf7+ ♚g8 4.♘xd6. Se podría decir que el peón c7 no movido de las negras es atraído al escaque d6 por el sacrificio del caballo, lo que significa que estamos tratando de la idea de atracción. Pero un análisis más cuidadoso nos convencerá de que el rasgo que es explotado no es el peón en d6, sino el cierre de la línea de acción de la dama. Con la atracción, lo que se explota es la pobre posición dela pieza atraída.

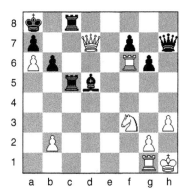

Juegan las blancas:

1. ♖c6!

Después de este sacrificio de torre, en el supuesto de 1... ♗xc6, la línea de acción de la torre adelantada queda interrumpida y se sigue mate con 2.♕xc8# mate. Si, por el contrario, es la torre la que hace la captura en c6; 1... ♖5xc6, entonces la línea del alfil queda cerrada, lo que lleva a mate con 2.♕b7#. Las negras sólo tienen una defensa contra el mate: 1... ♖b8, pero entonces las blancas ganan una torre con 2. ♖xc5.

Saemisch - Ahues
Hamburgo, 1946

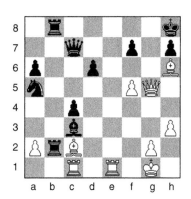

Las blancas no pueden jugar en busca de mate con 1.f6, ya que las negras tienen la réplica 1...♕c5+, cambiando damas. Saemisch encontró una notable combinación con la idea de cierre de línea, lo que ocurre en dos variantes.
1.♖e5!
Las negras abandonan.
Al movimiento 1...dxe5, cerrando la diagonal del alfil, sigue mate en g7, 2.♕g7# mate, en tanto que si 1...♗xe5 entonces 2.f6 y como el alfil ha cerrado la quinta fila ♕c5+ no proporciona ya una defensa contra el mate.

Armonía entre torre y alfil

Según Piotr Romanowsky

Al tratar de la acción conjunta de estas dos piezas nos referimos principalmente a los temas de mate realizados por combinaciones que caracterizan dicha acción dirigida contra el rey adversario. En esta clase de combinaciones se producen por lo menos unos ocho mates temáticos. Véanse sus esquemas principales

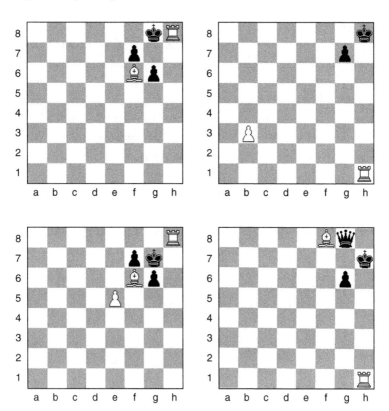

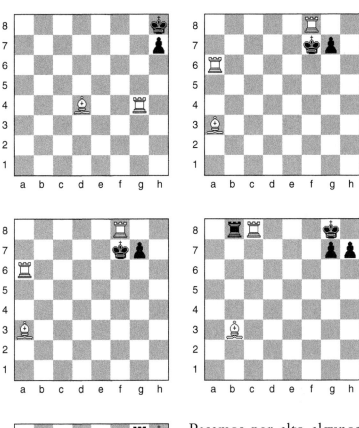

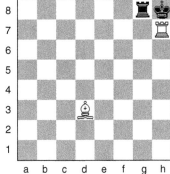

Pasamos por alto algunos; no se trata de enumerarlos todos, sino de enumerar aquellos que se presentan con mayor frecuencia en la práctica. La combinación del molino vista anteriormente, es ejemplo de la acción conjuntada y armónica de la torre y el alfil.

Chigorin - Bernstein
III Torneo Panruso
Kiev, 1903

Ya en la apertura, Bernstein se encontró en una situación difícil que lo forzó a trocar la dama por una torre y un alfil. Pero como Chigorin no jugó mejor que su oponente en el transcurso de la partida, las negras tuvieron probabilidades de éxito.

Se llegó a esta posición después del vigesimosexto movimiento de las blancas.

Prosiguió:

26...c5!
¡Es una bella jugada! A 27.♘xd8 se responde con 27...♗xd4+.
27.♕e7 ♗xd4+
28.♔f1

Esta jugada tampoco es buena; 28.♔h1 era mejor.

28...♖h8
29.♕xg5 ♗e5
30.h3

Este movimiento precipita la ruina, que también es inevitable tras 30.♘xc5 ♖f8+ 31.♔e2 ♖e8.

30...♖e8
31.♘f4 ♗xf4
32.♕xd5 ♗g3

Y las blancas capitularon.

Estudio de Troitski sobre combinaciones

Según Piotr Romanowsky

Los estudios sobre combinaciones del clásico e inolvidable compositor de problemas de ajedrez A. Troitski emocionan a muchos. Ofrecemos uno impresionante por su belleza.

La combinación que da la victoria se apoya sobre la repetición del tema del ataque doble seis veces, aunque esto no es todo. Su perfección consiste, además, en el limitado movimiento de la torre adelante y atrás por el mismo camino, si bien este perezoso ir y venir produce un efecto sorprendente:

1. ♖b4! ♕c8
2. ♖b8 ♕h3
3. ♖h8 ♘h4
4. ♖xh4 ♕c8
5. ♖h8 ♕b7
6. ♖b8 ♕xb8
7. ♘c6+

Y finalmente las negras tienen que cambiar la torre por la dama, gracias al doble ataque del caballo blanco sobre dama y rey.

La base de toda combinación está constituida de dos importantes medios creadores: la dinámica y la armonía; esta unión crea formas, cuyo contenido artístico es principalmente la estética de la combinación.

Referencias bibliográficas

Bondarewsky I., *Táctica del medio juego*

Byfield B. and Orpin A., *Learn Chess Quick*

Capablanca J. R., *Fundamentos del ajedrez*

Kann I., *El arte de la defensa*

Koblenz A., *Ajedrez de entrenamiento*

Noir M., *Initiation aux échecs*

Panov V., *ABC de las aperturas*

Panov V., *Ajedrez elemental*

Panov V., *Teoría de aperturas*

Pachman L., *Aperturas abiertas*

Pachman L., *Aperturas semiabiertas*

Pachman L., *Táctica moderna en ajedrez*

Persits B., *La estructura de peones centrales*

Pritchard D. B., *Begin Chess*

Richter K., *Jaque mate*

Romanowsky P. A., *Combinaciones en el medio juego*

Spielmann R., *El arte del sacrificio en ajedrez*

Weinstein B., *La trampa en la apertura*

REVOLUCIONA TU AJEDREZ
Serie de libros creados por el
Gran maestro
Viktor Moskalenko:

La mayoría de los jugadores de ajedrez dejan de hacer progresos una vez han alcanzado cierto nivel. Se centran en el estudio de las aperturas, medio juego clásico, tácticas, y unas cuantas reglas esenciales para los finales de partida.

Pero cuando se sientan ante el tablero y se enfrentan a una partida real o están en pleno campeonato, a menudo son inoperantes. ¿Por qué sucede esto?

Viktor Moskalenko sostiene que esto es porque todavía no han descubierto las verdaderas reglas del juego, de ahí que en el libro este Gran maestro internacional presente un sistema totalmente nuevo para jugar al ajedrez es una serie de libros creados por él para ser mejor jugador.

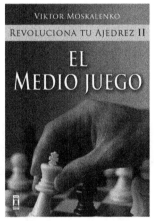

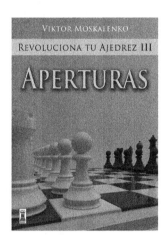

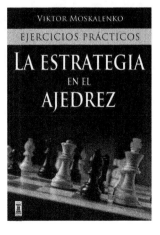

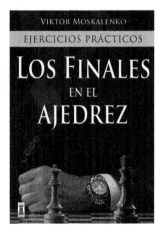

AJEDREZ PARA PRINCIPIANTES
POR LOS GRANDES MAESTROS

Una colección excepcional que reúne los principios básicos del ajedrez de la mano de los grandes maestros. Gracias a la hábil recopilación hecha por Igor Molina, el editor de la obra, podemos acceder a los fundamentos de este juego de una manera clara y sencilla.

Por el mismo autor: